W0412495

Weihnachts gebäck

LIEBEVOLLE GESCHENKE KREATIV VERPACKT

Ida Deges

GESCHENKE Atelier

Weihnachtsgebäck

LIEBEVOLLE GESCHENKE KREATIV VERPACKT

Ida Deges

Inhalt

Hallo und willkommen

IN MEINER WEIHNACHTSBÄCKEREI!

Schon seit ich denken kann, verwandelt mein Opa die Küche bereits im November in eine Weihnachtsbäckerei und erfüllt das Haus mit traumhaft süßen Gerüchen. Jedes Jahr backt er in der Weihnachtszeit 30 verschiedene Plätzchensorten und andere Leckereien, um diese an Freunde, Familie und Nachbarn zu verschenken. Schon als kleines Kind durfte ich ihm dabei in seiner Backstube zusehen und helfen. Für mich ist das nach wie vor das Schönste an der Weihnachtszeit.

Die selbstgebackenen Leckereien meines Großvaters zaubern mir jedes Jahr aufs Neue ein Lächeln ins Gesicht und ich genieße jeden Bissen seines liebevollen Geschenks. Inspiriert von meinem Großvater möchte ich in diesem Buch köstliche Rezepte und zauberhafte Verpackungsideen mit dir teilen, damit auch du deinen Liebsten mit ein paar selbstgemachten Naschereien eine Freude bereiten kannst.

Falls dir – so wie mir – das Backen und Verschenken große Freude bereiten, bist du hier genau richtig. Von Bratapfel-Törtchen über Printen-Pops bis hin zu gebackenen Zuckerstangen und Baiser-Tannenbäumchen ist in diesem Buch für jeden Geschmack das richtige dabei. Mit diesen winterlichen Rezepten verbreitest du jede

Menge Weihnachtsstimmung. Meine persönlichen Favoriten sind die Nuss-Nougat-Taler, die Stempel-Plätzchen und natürlich das gut gelaunte Rudel Lebkuchen-Dackel.

Aber was wäre ein leckeres Geschenk ohne eine süße Verpackung? Deshalb findest du im hinteren Teil des Buches originelle Verpackungsideen und Etiketten, die deine süßen Kreationen noch einzigartiger machen. So schmeckt dein Gebäck nicht nur großartig, sondern sieht auch wundervoll aus. Nutze die Rezepte und Verpackungsvorlagen gerne als Inspiration für deine Weihnachtsgeschenke und lass deiner Kreativität dabei freien Lauf!

Ich wünsche dir viel Spaß beim Backen und Verschenken!

Deine
Ida Deges

Ida Deges

DIE DIGIBIB – ALLE UPDATES FÜR DICH
Hier findest du alle aktuellen Infos zu deinem Produkt, außerdem Extras, Videos, Vorlagen und mehr! www.topp-kreativ.de/digibib
Freischaltcode: 51802

Geschenkideen

ZUCKERSÜSSES

Zimtsternglück

Zutaten

FÜR DEN TEIG
- 700 g Mehl (Type 405)
- 1 Pck. Trockenhefe
- 50 g Zucker
- 250 ml Milch
- 70 g Butter
- 1 Ei

FÜR DIE FÜLLUNG
- 100 g weiche Butter
- 150 g Zucker
- 2 EL Zimt

FÜR DIE GLASUR
- 1 Ei
- 2 EL Milch

35 Min.	30 Min.	1 Std. 30 Min.	1
zubereiten	backen	warten	Zimtstern

1. Für den Hefeteig 700 g Mehl, 1 Pck. Trockenhefe und 50 g Zucker in eine große Rührschüssel geben und vermengen. 250 ml Milch und 70 g Butter in einem kleinen Topf erwärmen, bis die Butter geschmolzen ist.
2. Milch-Butter-Mix zusammen mit 1 Ei zur Mehlmischung geben und mit den Knethaken des Handrührgeräts einige Minuten durchkneten, bis ein weicher und elastischer Teig entstanden ist.
3. Den Teig mit Frischhaltefolie abdecken, ein Geschirrtuch darüberlegen und alles an einem warmen Ort ca. 1 Stunde lang gehen lassen.
4. In der Zwischenzeit für die Füllung 100 g Butter, 150 g Zucker und 2 EL Zimt zu einer cremigen Masse verrühren.
5. Den Teig in drei gleich große Teile schneiden und jedes Teigdrittel kreisrund ausrollen. Dafür am besten einen Teller (Ø ca. 25 cm) als Schablone verwenden.
6. Backblech mit Backpapier belegen und den ersten Kreis mittig darauf platzieren. Mit der Hälfte der Füllung bestreichen, dann den nächsten Teigkreis darüberlegen und leicht andrücken. Erneut Füllung auftragen und den dritten Kreis daraufsetzen.
7. Auf den dritten Kreis keine Füllung auftragen. Um den Kreis in eine Sternform zu verwandeln, zunächst ein kleines Glas in die Mitte des Kreises stellen. Dann den Teig mit einem scharfen Messer oder Pizzaroller von außen immer bis zum Glas in 16 Stücke schneiden. Dazu am besten den Teig zunächst in Viertel schneiden und dann jedes Viertel in vier gleiche Teile schneiden.

8. Zwei nebeneinanderliegende Teigstücke nehmen und sie entgegengesetzt voneinander nach außen verdrehen. Die Enden zusammendrücken, so dass sie wie eine Sternspitze aussehen. Das Ganze mit den restlichen Teigstücken wiederholen. Das Glas entfernen und den Stern für 30 Minuten gehen lassen.

9. Den Backofen auf 180 °C (Ober-/Unterhitze) vorheizen. 1 Ei und 2 EL Milch miteinander verrühren und den Stern damit bepinseln. Für ca. 30 Minuten backen.

NIEDLICHE Rentier-Bällchen

Zutaten

FÜR DEN TEIG
- 250 g Mehl (Type 405)
- 1 Pck. Backpulver
- 125 g Zucker
- 2 Pck. Vanillezucker
- 250 g Quark (20 % Fett)
- 3 Eier (Größe M)
- 1 l Frittierfett

FÜR DIE DEKO
- 1 Eiweiß
- 250 g Puderzucker
- Lebensmittelfarbe in Braun
- 50 g Vollmilchschokolade
- 24 kleine Salzbrezeln
- 1 TL Puderzucker

AUSSERDEM
- Schaschlikspieß
- Eisportionierer (optional)

1 Std. 10 Min. zubereiten | 5 Min. backen | 12 Portionen

1. 250 g Mehl und 1 Pck. Backpulver in einer Schüssel vermischen, 125 g Zucker und 2 Pck. Vanillezucker hinzufügen. 250 g Quark mit 3 Eiern mischen, zu den trockenen Zutaten geben und alles mit den Knethaken des Handrührgeräts verrühren.

2. 1 l Frittierfett in einem Topf erwärmen. Die Teigkugeln am besten mit einem Eisportionierer abstechen, da der Teig zu klebrig ist, um ihn von Hand zu formen, und vorsichtig in das heiße Fett geben. Ca. 5 Minuten darin goldbraun ausbacken. Mit einer Schaumkelle herausnehmen und auf einem Stück Küchenpapier abtropfen lassen.

3. 1 Eiweiß und 250 g Puderzucker mit den Schneebesen des Handrührgeräts zu einem zähflüssigen Zuckerguss verarbeiten. Den Zuckerguss mit Lebensmittelfarbe hellbraun färben.

4. Die Bällchen jetzt so in den Zuckerguss tauchen, dass beide Seiten bedeckt sind und in der Mitte ein kleines Dreieck frei bleibt.

5. 50 g Vollmilchschokolade schmelzen und mit einem Schaschlikspieß Augen und Nase dekorieren. Zum Schluss je eine Salzbrezel zu einem Geweih brechen, mit einem Ende in den Zuckerguss tauchen und anschließend in ein Bällchen stecken. Zuckerguss gut durchtrocknen lassen.

TIPP: Die Rentier-Bällchen schmecken frisch am besten, daher möglichst innerhalb von 1–2 Tagen verschenken.

Bratapfel-Törtchen
VEGAN & GLUTENFREI

Zutaten

FÜR DEN TEIG
- 200 g gemahlene Mandeln
- 150 g Hafermehl
- 80 g Kokosöl
- 100 g Zucker
- 70 ml Milch
- 1 Prise Salz
- 1 TL Zimt
- etwas Hafermehl zum Ausrollen

FÜR DIE FÜLLUNG
- 6 Äpfel
- 6 EL Ahornsirup
- 1 TL Zimt
- 2 EL Zitronensaft

AUSSERDEM
- Ausstecher in Kreisform, Ø 10 cm
- 10 Muffinförmchen oder 12er Muffinblech
- Ausstecher in Sternform, Ø 4 cm
- etwas Kokosöl zum Einfetten

35 Min. zubereiten | 25 Min. backen | 30 Min. warten | 10 Portionen

1. Für den Teig 200 g gemahlene Mandeln, 150 g Hafermehl, 80 g Kokosöl, 100 g Zucker, 70 ml Milch, 1 Prise Salz und 1 TL Zimt mit den Rührbesen des Handrührgeräts vermischen. Gut durchkneten. Danach den Teig in Frischhaltefolie wickeln und für 30 Minuten in den Kühlschrank stellen.

2. Auf einer gut bemehlten Arbeitsfläche den Teig anschließend ca. 1 cm dünn ausrollen. Mit dem Ausstecher zehn Kreise ausstechen und in die mit Kokosöl eingefetteten Muffinförmchen drücken. Für die Verzierung zehn Sterne ausstechen.

3. Die Muffinförmchen ohne Füllung für 10 Minuten im auf 180 °C (Ober-/Unterhitze) vorgeheizten Backofen backen. In der Zwischenzeit 6 Äpfel schälen und in sehr kleine Stücke schneiden. Dann mit 6 EL Ahornsirup, 1 TL Zimt und 2 EL Zitronensaft in einem Topf zum Kochen bringen. Gut umrühren! Die Apfelfüllung in die Förmchen füllen und mit den Sternen belegen. Alles zusammen für 13–15 Minuten backen und danach gut abkühlen lassen.

FROHE
WEIHNACHTEN

SCHOKOLADIGE Printen-Pops

Zutaten

FÜR DIE POPS
- 200 g Printen
- 1 EL warmes Wasser
- 100 g Frischkäse
- 100 g Marzipan
- 200 g Zartbitter-Kuvertüre
- 100 g weiße Schokolade

AUSSERDEM
- 20 Lollistiele
- Styroporblock
- Metall-Siegelstempel in Sternform

45 Min. zubereiten | 45 Min. warten | 20 Portionen

1. 200 g Printen im Blitzhacker zerkleinern oder auf der Reibe reiben. In einer Schüssel mit 1 EL warmem Wasser verrühren, dann mit 100 g Frischkäse verkneten. 100 g Marzipan in kleine Würfel schneiden und ebenfalls zufügen.

2. Aus der Masse kleine Kugeln formen und auf ein Brett mit Backpapier legen. 30 g Kuvertüre schmelzen. Jeweils einen Lollistiel darin eintauchen und anschließend in ein Bällchen stecken. Die fertigen Printen-Pops auf das Brettchen legen und für 45 Minuten ins Gefrierfach stellen.

3. In der Zwischenzeit 170 g Kuvertüre schmelzen. Printen-Pops eintauchen und den Stiel in einen Styroporblock stecken. Printen-Pops erkalten lassen.

4. 100 g weiße Schokolade schmelzen. Leicht abkühlen lassen, dann ca. 2 cm große Kleckse mit einem Teelöffel auf ein Stück Backpapier geben und abkühlen lassen.

5. Bevor die Schokolade ausgehärtet ist, mit dem kalten Metall-Siegelstempel den Stern hineindrücken. Schokolade vollständig hart werden lassen. Die Sternplatten zum Schluss mit einem kleinen Klecks Kuvertüre auf die Printen-Pops setzen.

Sternen-Pies
MIT SÜSSER FÜLLUNG

Zutaten

FÜR DIE STERNE
- 400 g Mehl (Type 405)
- 6 EL Zucker
- 1 TL Salz
- 200 g kalte Butter
- 100 ml kaltes Wasser
- etwas Mehl zum Ausrollen
- 100 g Himbeermarmelade
- 3 EL Milch
- 100 g weiße Kuvertüre

AUSSERDEM
- Ausstecher in Sternform, Ø 8 cm

35 Min. zubereiten | 25 Min. backen | 1 Std. warten | 14 Portionen

1. 400 g Mehl, 6 EL Zucker und 1 TL Salz mischen. 200 g Butter in kleinen Stücken kurz mit den Knethaken des Rührgeräts untermischen, bis die Masse krümelig ist. 100 ml kaltes Wasser nach und nach zufügen und weiter mischen, bis die Zutaten etwas zusammenhalten.
2. Den Teig in Frischhaltefolie wickeln, ca. 1 Stunde kalt stellen. Anschließend den Teig mit etwas Mehl auf Backpapier ausrollen und Sterne ausstechen. Die Hälfte der Sterne auf ein mit Backpapier ausgelegtes Backblech legen und 1 TL Himbeermarmelade in die Mitte geben. Den zweiten Stern auflegen und mit einer Gabel den Teig am Rand zusammendrücken.
3. Mit Milch bestreichen und im vorgeheizten Backofen bei 180 °C (Ober-/Unterhitze) ca. 25 Minuten backen. Abkühlen lassen. 100 g weiße Kuvertüre schmelzen und mit einer Gabel Schlieren über die Sterne ziehen. Schokolade erkalten lassen.

TIPP: Als Füllung eignet sich auch jede andere Marmelade sowie Marzipan oder Schokolade.

FEINER
MARZIPAN
STOLLEN
MIT APRIKOSEN
FEINER
MARZIPAN
STOLLEN
MIT APRIKOSEN

FEINSTER Marzipan-Stollen

Zutaten

- 250 g getrocknete Soft-Aprikosen
- 100 ml Rum
- 500 g Mehl (Type 405)
- 150 g Zucker
- 2 Pck. Vanillezucker
- 1 Fläschchen Bittermandelöl
- 300 g Butter
- 150 ml Milch
- 1 Würfel Hefe
- 400 g Marzipan-Rohmasse
- 50 g geschmolzene Butter
- 100 g Puderzucker

40 Min. zubereiten	35 Min. backen	13 Std. warten	4 kleine Stollen

1. 250 g Aprikosen in kleine Würfel schneiden und am besten über Nacht in 100 ml Rum ziehen lassen.
2. 500 g Mehl zusammen mit 150 g Zucker, 2 Pck. Vanillezucker und 1 Fläschchen Bittermandelöl in eine Schüssel geben. 300 g Butter und 150 ml Milch zusammen in einem Topf auf dem Herd erwärmen.
3. Einen Würfel Hefe über das Mehl-Gemisch bröckeln, dann den Milch-Butter Mix dazugeben. Mit den Knethaken des Handrührgeräts kräftig durchkneten. Zum Schluss vorsichtig die Aprikosen zugeben und unterkneten.
4. Den Teig an einem warmen Ort ca. 1 Stunde gehen lassen.
5. 400 g Marzipan in 4 Portionen teilen und zu kleinen Röllchen rollen. Den Teig ebenfalls in vier gleich große Portionen teilen. Teigkugeln auf einer bemehlten Fläche platt drücken, Marzipanrollen mittig darauflegen und den Teig darum herum legen, sodass vier Stollen entstehen.
6. Die Stollen umgedreht auf ein mit Backpapier ausgelegtes Blech legen und für 30 Minuten gehen lassen. Im vorgeheizten Backofen bei 180 °C (Ober-/Unterhitze) ca. 30–35 Minuten backen. Garprobe machen!
7. Die noch warmen Stollen mit 50 g geschmolzener Butter einpinseln, mit 100 g Puderzucker bestäuben und dann auskühlen lassen.

TIPP: Die Stollen können prima in Klarsichtbeuteln verschenkt werden. Mit einer Banderole (S. 82) aus weißem Fotokarton sehen sie aus, als kämen sie vom feinsten Zuckerbäcker.

Gewürzkuchen MIT GLÜHWEIN-KIRSCHEN

45 Min. zubereiten | 25 Min. backen | 30 Min. warten | je 4 Gläser

Zutaten

FÜR DIE GEWÜRZKUCHEN

- etwas Butter zum Einfetten
- 100 g gemischte Nusskerne
- 80 g getrocknete Aprikosen
- 80 g getrocknete Cranberrys
- 3 EL Rum
- 100 g Butter
- 125 g Zucker
- Salz
- ½ TL Lebkuchengewürz
- 1 TL Zimt
- 2 Eier (Größe M)
- 180 g Mehl (Type 405)
- 1 ½ TL Backpulver
- 100 ml Milch

FÜR DIE GLÜHWEINKIRSCHEN

- 380 g Sauerkirschen (Glas)
- 200 ml Glühwein
- 1 EL Speisestärke
- 2 EL Zucker

AUSSERDEM

- 4 ofenfeste Gläser à 350 ml mit Gummiringen und Klammern für den Kuchen
- 4 ofenfeste Gläser, 160 ml mit Gummiringen und Klammern für die Kirschen

1. Backofen auf 180 °C (Ober-/Unterhitze) vorheizen und 4 große ofenfeste Gläser mit Butter fetten. 100 g Nüsse in einer Pfanne ohne Fett anrösten und abkühlen lassen. Danach in kleine Stücke hacken. 80 g Aprikosen fein hacken und zusammen mit 80 g Cranberrys für 30 Minuten in 3 EL Rum ziehen lassen.

2. 100 g Butter, 125 g Zucker, 1 Prise Salz und ½ TL Lebkuchengewürz und 1 TL Zimt mit den Rührbesen des Handrührgeräts schaumig schlagen. 2 Eier trennen. Die Eigelbe unterrühren. 180 g Mehl und 1 ½ TL Backpulver mischen. Zusammen mit 100 ml Milch unter die Eigelb-Mischung rühren.

3. Das Eiweiß mit 1 Prise Salz steif schlagen. Den Eischnee mit dem Kuchenteig vermengen. In Rum eingelegte Früchte und gehackte Nüsse unterheben.

4. Den Teig in die Gläser füllen und im vorgeheizten Ofen ca. 25 Minuten backen. Anschließend sofort die Deckel mit den Gummiringen auf die Gläser drücken und mit den Klammern verschließen.

5. Die Hälfte des Kirschwassers im Glas abgießen und den restlichen Inhalt in einen Topf geben. 200 ml Glühwein zugeben. 1 EL Speisestärke in einem Schälchen mit etwas Flüssigkeit aus dem Topf verrühren und zusammen mit 2 EL Zucker zu den Kirschen geben.

6. Unter Rühren erhitzen, bis die Flüssigkeit eingedickt ist. Glühweinkirschen in 4 kleine ofenfeste Gläser füllen und ebenfalls sofort mit dem Deckel verschließen.

TIPP: Als schnelle Deko können die Gläser mit Bändern, Glanzbildern, Maskingtape und kleinen Weihnachtskugeln aufgehübscht werden.

Rezeptkärtchen

- 1 Ei
- 30 g weiche Butter

Den Backofen auf 180 °C (Umluft) vorheizen. Den Inhalt der Backmischung mit Ei und Butter gut verrühren und in gefettete Muffinförmchen füllen. Im Ofen ca. 20 Minuten backen.

WINTERLICHER
Muffin-Mix

Zutaten

FÜR DEN MIX
- 50 g Mehl (Type 405)
- 20 g gemahlene Mandeln
- 30 g brauner Zucker
- 10 g Kakaopulver
- ½ TL Backpulver
- ½ TL Spekulatiusgewürz
- 100 g gehackte Schokolade

AUSSERDEM
- 1 Glas mit Twist-Off-Deckel, 200 ml
- Trichter zum Einfüllen

10 Min. zubereiten

1 Glas

1. In das Glas 50 g Mehl, 20 g gemahlene Mandeln, 30 g brauner Zucker, 10 g Kakaopulver, ½ TL Backpulver, ½ TL Spekulatiusgewürz und 100 g gehackte Schokolade mit Hilfe eines Trichters schichten. Dabei helle und dunkle Zutaten abwechselnd einfüllen, um eine schöne Optik zu erhalten.

2. Das Glas verschließen und zusammen mit einem Rezeptkärtchen für die Zubereitung verschenken.

TIPP: Das Rezeptkärtchen für die Zubereitung (S. 28) kann mit einem Etikett auf die Rückseite geklebt oder als Geschenkanhänger angebunden werden.

Pistazien-Amarettini
OHNE MEHL

Zutaten

- 1 Eiweiß
- 100 g gemahlene Pistazien
- 50 g gemahlene Mandeln
- 80 g Zucker
- 1 Pck. Vanillezucker
- 70 g Puderzucker

10 Min. zubereiten | 10 Min. backen | 25 Portionen

1. Backofen auf 180 °C (Ober-/Unterhitze) vorheizen. 1 Eiweiß mit den Rührbesen des Handrührgeräts aufschlagen und 100 g Pistazien, 50 g Mandeln, 80 g Zucker und 1 Pck. Vanillezucker hinzufügen.
2. Von der Masse jeweils 1 EL abstechen, kastaniengroße Kugeln formen und etwas platt drücken.
3. 70 g Puderzucker in eine Schale geben, die Plätzchen darin wälzen und auf ein mit Backpapier ausgelegtes Backblech setzen.
4. Für ca. 10 Minuten in den Backofen schieben. Die Plätzchen sollten noch leicht weich sein, wenn sie aus dem Ofen kommen. Abkühlen lassen und luftdicht verpacken. So halten sie länger frisch!

Winterliche Cookies

MIT GEBRANNTEN MANDELN

Zutaten

- 150 g gebrannte Mandeln
- 120 g Butter
- 150 g brauner Zucker
- 1 Ei (Größe M)
- ½ TL Vanilleextrakt
- 180 g Mehl
- ½ TL Backpulver
- 1 Prise Salz
- einige gebrannte Mandeln für die Deko

20 Min. zubereiten	15 Min. backen	45 Min. warten	15 Portionen

1. 150 g gebrannte Mandeln grob hacken und zur Seite stellen.
2. 120 g Butter schmelzen. 150 g braunen Zucker mit der geschmolzenen Butter in einer großen Schüssel mit den Rührbesen des Handrührgeräts sehr hell und luftig aufschlagen.
3. Das Ei und ½ TL Vanilleextrakt hinzufügen und gut unterrühren. 180 g Mehl mit ½ TL Backpulver sowie 1 Prise Salz vermischen, dazugeben und unterrühren. Anschließend die gehackten Mandeln unter den Teig kneten.
4. Den Teig für etwa 30–45 Minuten in den Kühlschrank stellen und fest werden lassen. In der Zwischenzeit den Backofen auf 180 °C (Ober-/Unterhitze) vorheizen.
5. Ein Backblech mit Backpapier auslegen. Jeweils 1 EL Teig zu einer Kugel formen, mit genügend Abstand auf das Blech setzen und etwas platt drücken. Mit einigen gebrannten Mandelstückchen verzieren und für ca. 10–15 Minuten backen. Die Ränder sollten knusprig, aber die Mitte noch schön weich sein, dann sind sie perfekt!

Nougat-Taler MIT KARAMELL-NÜSSEN

50 Min. zubereiten | 25 Min. backen | 30 Min. warten | 30 Portionen

Zutaten

FÜR DEN TEIG

- 100 g Butter
- 90 g Puderzucker
- ½ TL Vanillepaste
- 1 Ei (Größe M)
- 1 Prise Salz
- 280 g Mehl (Type 405)
- 150 g gemahlene Haselnüsse
- 1 EL Wasser
- 30 g Zucker
- 100 g gehobelte Haselnüsse
- etwas Mehl zum Bestäuben
- 200 g Nuss-Nougat

AUSSERDEM

- Ausstecher in Kreisform, Ø 6 cm
- Spritzbeutel

1. Zuerst 100 g Butter zusammen mit 90 g Puderzucker, ½ TL Vanillepaste, 1 Ei und 1 Prise Salz mit den Rührbesen des Handrührgeräts verkneten. 280 g Mehl und 150 g geriebene Haselnüsse dazugeben und so lange kneten, bis ein gleichmäßiger Teig entsteht.
2. Den Teig zwischen zwei Blättern Backpapier dünn (3–5 mm) ausrollen und die Teigplatte für 30 Minuten in den Kühlschrank legen.
3. Den Backofen auf 180 °C (Ober-/Unterhitze) vorheizen. In einem Topf 1 EL Wasser mit 30 g Zucker aufkochen, bis das Wasser verdampft ist und sich eine Art Zuckersirup bildet. 100 g gehobelte Haselnüsse in eine Schüssel geben und mit dem heißen Zuckersirup übergießen. Anschließend vermengen und auf einem mit Backpapier ausgelegten Backblech verteilen. Für ca. 15 Minuten im Ofen karamellisieren und anschließend vollständig abkühlen lassen.
4. Den Mürbeteig vom Backpapier lösen und leicht mit Mehl bestäuben. Mit dem Ausstecher ca. 60 Taler ausstechen und mit etwas Abstand auf das Backblech legen. Die Kekse für 8–10 Minuten im vorgeheizten Ofen backen. Die gebackenen Taler abkühlen lassen.
5. 200 g Nuss-Nougat schmelzen, in einen Spritzbeutel einfüllen und jeweils zwei Taler damit füllen. Abkühlen lassen und die Oberseite der gefüllten Kekse in Nuss-Nougat eintauchen. Karamellisierte Haselnüsse darauf verteilen und trocknen lassen.

Zweierlei Kipferl

MIT MOHN & KÜRBISKERNEN

Zutaten

FÜR DIE MOHN-KIPFERL
- 200 g Butter
- 250 g Mehl (Type 405)
- 100 g Mohn
- 40 g gemahlene Walnüsse
- 70 g Puderzucker
- 1 Eigelb

FÜR DIE KÜRBISKERN-KIPFERL
- 200 g Butter
- 200 g gemahlene Kürbiskerne
- 100 g Puderzucker
- 1 Pck. Vanillezucker
- 2 Eigelb
- 1 EL Kürbiskernöl

ZUM GARNIEREN
- 50 g weiße Kuvertüre
- 50 g Vollmilch-Kuvertüre

je 20 Min. zubereiten | je 10 Min. backen | je 1 Std. warten | je 30 Portionen

1. Für die Mohn-Kipferl 200 g Butter in kleine Stücke schneiden und mit 250 g Mehl, 100 g Mohn, 40 g gemahlenen Walnüssen, 70 g Puderzucker und 1 Eigelb zu einem Teig verkneten. Den Teig in Frischhaltefolie wickeln und für 1 Stunde in den Kühlschrank legen.

2. Für die Kürbiskern-Kipferl 200 g Butter in kleine Stücke schneiden und mit 200 g geriebenen Kürbiskernen, 100 g Puderzucker, 1 Pck. Vanillezucker, 2 Eigelb und 1 EL Kürbiskernöl zu einem Teig verkneten. Den Teig in Frischhaltefolie wickeln und ebenfalls für 1 Stunde in den Kühlschrank legen.

3. Den Backofen auf 180 °C (Ober-/Unterhitze) vorheizen. Jeden Teig zu einer Rolle formen. Von der Teigrolle ca. 1 cm breite Stücke abschneiden und mit den Händen Kipferl formen.

4. Die Kipferl auf ein mit Backpapier ausgelegtes Backblech legen und für ca. 10 Minuten backen. Gut auskühlen lassen.

5. 50 g weiße und 50 g Vollmilch-Kuvertüre jeweils in kleine Stücke hacken und schmelzen. Die Enden der Mohn-Kipferl in weiße Kuvertüre, die Enden der Kürbiskern-Kipferl in die Vollmilch-Kuvertüre tauchen. Anschließend auf ein Gitter legen und Schokolade erkalten lassen.

GOLDIGE Lebkuchen-Dackel

Zutaten

FÜR DEN TEIG
- 500 g Honig
- 250 g brauner Zucker
- 170 g Butter
- 1 kg Mehl (Type 405)
- 4 TL Lebkuchengewürz
- 2 EL Backkakao
- 2 Eier (Größe M)
- 2 EL Pottasche
- 4–5 EL Wasser
- etwas Mehl zum Ausrollen des Teiges

FÜR DEN ZUCKERGUSS
- 1 Eiweiß
- 250 g Puderzucker
- Lebensmittelfarbe in Rot

AUSSERDEM
- Einweg-Spritzbeutel
- Vorlage S. 82

TIPP: Den Teig und die Mützen aus Zuckerguss am besten schon am Vortag vorbereiten und dann über Nacht kühlen bzw. aushärten lassen.

1 Std. zubereiten | 10 Min. backen | 12 Std. warten | 30 Portionen

1. 500 g Honig und 250 g braunen Zucker über einem Wasserbad rühren, bis sich der Zucker gelöst hat. Die Zuckermasse kurz abkühlen lassen und in eine Rührschüssel geben. Dann 170 g Butter hinzufügen und untermischen, bis sie geschmolzen ist.
2. 1 kg Mehl mit 4 TL Lebkuchengewürz und 2 EL Kakaopulver vermischen und in den Teig rühren. 2 Eier hinzufügen. 2 EL Pottasche und 4–5 EL Wasser in einem separaten Schälchen gut vermischen, zum Teig geben und gut durchkneten. Den Teig in Backpapier einwickeln und am besten über Nacht in den Kühlschrank stellen.
3. Teig auf einer bemehlten Arbeitsfläche ca. 0,7 cm dick ausrollen. Die Vorlage für den Dackel und das Ohr auf Papier übertragen, ausschneiden, auf den Teig legen und mit einem Messer ausschneiden.
4. Dackel und Ohren im vorgeheizten Ofen bei 180 °C (Umluft) ca. 10 Minuten backen. Herausnehmen und abkühlen lassen.
5. Für den Zuckerguss 1 Eiweiß in einen Rührbecher geben und mit den Rührbesen des Handrührgeräts kurz verrühren. Anschließend nach und nach 250 g Puderzucker hinzugeben. Der Zuckerguss sollte dickflüssig sein, aber noch von den Rührbesen tropfen, dann ist er genau richtig.
6. Die Hälfte des Zuckergusses mit roter Lebensmittelfarbe einfärben. Anschließend in Spritzbeutel füllen. Backpapier über die Mützen-Vorlage legen und zunächst mit dem roten Zuckerguss Mützen nach Vorlage aufmalen und füllen. Dann mit weißem Zuckerguss Spitze und Rand auftragen.
7. Die Mützen am besten über Nacht trocknen lassen. Am nächsten Tag jeweils Ohr und Mütze mit einem Klecks Zuckerguss an den Dackel ankleben.

FRUCHTIGE Marzipan-Sterne

Zutaten

FÜR DIE STERNE
- 75 g Marzipan-Rohmasse
- 150 g Butter
- 1 Prise Salz
- 50 g Puderzucker
- 1 Ei (Größe M)
- 1 TL Zimt
- 350 g Mehl (Type 405)
- etwas Mehl zum Ausrollen
- 100 g Hagebuttenkonfitüre
- etwas Puderzucker zum Bestäuben

AUSSERDEM
- Ausstecher in Sternform, Ø 5 cm
- Ausstecher in Sternform, Ø 2,2 cm
- Einweg-Spritzbeutel

45 Min. zubereiten | 10 Min. backen | 2 Std. 15 Min. warten | 30 Portionen

1. Für den Teig zuerst 75 g Marzipan grob raspeln. Zusammen mit 50 g Butter mit den Rührbesen des Handrührgeräts zu einer cremigen Masse verrühren. Restliche 100 g Butter, 1 Prise Salz, 50 g Puderzucker, 1 Ei und 1 TL Zimt dazugeben und gut unterrühren.

2. 350 g Mehl darübersieben und unterrühren, bis ein glatter Teig entstanden ist. Dann den Teig mit den Händen weiterkneten, zu einer flachen Platte drücken und abgedeckt etwa 2 Stunden in den Kühlschrank stellen.

3. Den Teig vierteln und auf einer bemehlten Arbeitsfläche portionsweise etwa 0,5 cm dick ausrollen. Mit dem großen Ausstecher ca. 60 Sterne ausstechen. Die Hälfte der Sterne auf zwei mit Backpapier ausgelegte Backbleche legen und mit der Hälfte der Konfitüre bestreichen. Aus den übrigen Plätzchen in der Mitte einen kleinen Stern ausstechen. Die ausgestochenen Plätzchen passend auf die Konfitürenplätzchen legen.

4. Die Plätzchen auf dem Blech für etwa 15 Minuten kalt stellen. Backofen auf 180 °C (Ober-/Unterhitze) vorheizen und die Sterne im vorgeheizten Backofen auf der mittleren Schiene ca. 10 Minuten backen.

5. Die Sterne herausnehmen, sofort mit Puderzucker bestäuben und auf einem Kuchengitter abkühlen lassen. Die restliche Konfitüre unter Rühren erwärmen, in einen Einweg-Spritzbeutel geben und als Füllung in die Sternmitte spritzen.

SÜSS-SALZIGE Schoko-Orangen-Stücke

Zutaten

- 170 g weiche gesalzene Butter
- 150 g brauner Zucker
- 1 Ei
- 1 ½ TL Vanilleextrakt
- 2 Bio-Orangen
- 300 g Mehl (Type 405)
- 1 Prise Zimt
- 1 Prise Salz
- 2 EL grober Zucker
- 100 g Zartbitter-Kuvertüre
- ½ TL Meersalz

25 Min. zubereiten | 15 Min. backen | 2 Std. warten | 20 Portionen

1. 170 g gesalzene Butter in einer großen Rührschüssel mit den Rührbesen des Handrührgeräts schaumig rühren. 150 g braunen Zucker dazugeben und verrühren, bis eine cremige Masse entsteht.

2. 1 Ei und 1 ½ TL Vanilleextrakt zufügen und verrühren. 1 Bio-Orange abreiben und auspressen. 2 EL Orangensaft und den Abrieb zur Butter-Zucker-Mischung geben. Anschließend noch 300 g Mehl, 1 Prise Zimt und 1 Prise Salz unterrühren.

3. Aus dem Teig zwei gleich große Barren, etwa 20–23 cm lang und 6 cm breit formen. Zucker auf einen großen, flachen Teller geben und jedes Teigstück darin wälzen. Den Teig in Frischhaltefolie wickeln und für 2 Stunden in den Kühlschrank legen.

4. Den Backofen auf 180 °C (Ober-/Unterhitze) vorheizen und zwei Backbleche mit Backpapier auslegen. Jetzt die Barren in ca. 0,5 cm breite Scheiben schneiden. Die Plätzchen mit Abstand auf den Backblechen verteilen und für ca. 10–15 Minuten backen, bis die Ränder leicht gebräunt sind.

5. Für die Deko die Schale der zweiten Bio-Orange abreiben. 100 g Kuvertüre schmelzen. Anschließend die Plätzchen zur Hälfte in die Schokolade tauchen und mit Orangenabrieb und Meersalz bestreuen.

Schoko-Plätzchen
MIT SALZKARAMELL

Zutaten

FÜR DEN TEIG
- 280 g Mehl (Type 405)
- 30 g Backkakao
- 100 g Puderzucker
- 1 Pck. Vanillezucker
- 1 Ei (Größe M)
- 200 g weiche Butter
- etwas Mehl zum Ausrollen

FÜR DIE DEKO
- 25 g Zartbitter-Kuvertüre

FÜR DAS KARAMELL
- 80 g Zucker
- 2 EL Wasser
- 150 g Sahne

AUSSERDEM
- Ausstecher in Sternform, Ø 8 cm
- Ausstecher in Kreisform, Ø 2 cm

40 Min. zubereiten | 8 Min. backen | 1 Std. warten | 30 Portionen

1. 280 g Mehl, 30 g Kakao, 100 g Puderzucker und 1 Pck. Vanillezucker in einer großen Schlüssel vermischen. 1 Ei und 200 g weiche Butter zufügen und mit den Rührbesen des Handrührgeräts zu einem glatten Teig kneten.

2. Den Teig zu flachen Platten formen, in Frischhaltefolie wickeln und mindestens 1 Stunde im Kühlschrank kalt stellen. Den Backofen auf 180 °C (Ober-/Unterhitze) vorheizen und zwei Backbleche mit Backpapier belegen.

3. Den kalten Teig in drei Teile teilen und nacheinander auf einer bemehlten Arbeitsfläche etwa 3 mm dick ausrollen. 30 Sterne ausstechen und auf das Backblech legen. Weitere 30 Sterne ausstechen und mit dem kleinen Ausstecher ein Loch in die Mitte stanzen.

4. Alle Plätzchen im vorgeheizten Backofen ca. 8 Minuten backen und anschließend gut abkühlen lassen. 25 g Kuvertüre schmelzen. Die Plätzchen mit Loch mit der Kuvertüre verzieren. Dazu mit einer Gabel Schlieren über die Kekse ziehen. Gut aushärten lassen.

5. Für das Karamell 80 g Zucker und 2 EL Wasser in eine beschichtete Pfanne geben und auf mittlerer Stufe karamellisieren. Sobald der Zucker bröckelig und langsam braun wird, 150 g Sahne vorsichtig auf den Zucker gießen. Das Ganze so lange unter ständigem Rühren köcheln lassen, bis sich das Karamell gelöst hat. Dann vom Herd nehmen und beiseite stellen. Das abgekühlte Karamell mit einem Teelöffel auf den unteren Plätzchenhälften verteilen. Die obere Hälfte auflegen und leicht andrücken.

SCHOKOLADIGE Espresso-Knöpfe

Zutaten

FÜR DEN TEIG
- 100 g Zartbitterschokolade
- 300 g gemahlene Haselnüsse
- 40 g Mehl (Type 405)
- 2 TL lösliches Espressopulver
- 3 Eiweiß
- 100 g Zucker

FÜR DIE DEKO
- 100 g Zartbitter-Kuvertüre
- 25 Espressobohnen

25 Min. zubereiten | 10 Min. backen | 25 Portionen

1. 100 g Schokolade mit der Reibe ganz fein raspeln. Mit 300 g gemahlenen Haselnüssen, 40 g Mehl und 2 TL Espressopulver vermischen.
2. Den Backofen auf 180 °C (Ober-/Unterhitze) vorheizen und zwei Backbleche mit Backpapier auslegen. 3 Eiweiß mit den Rührbesen des Handrührgeräts steif schlagen. 100 g Zucker nach und nach zugeben und weiterrühren, bis der Eischnee schön cremig ist.
3. Die Nuss-Mischung behutsam unterrühren. Von der Masse 1 TL abstechen, mit angefeuchteten Händen zu Kugeln formen und auf die Backbleche legen.
4. Auf mittlerer Schiene ca. 10 Minuten backen. Herausnehmen und abkühlen lassen. 100 g Zartbitter-Kuvertüre fein hacken und schmelzen. Mit einem Teelöffel jeweils etwas Kuvertüre auf die Plätzchen geben und eine Espressobohne darauf platzieren. Fest werden lassen.

ROT-WEISS GESTREIFTE

Zuckerstangen

Zutaten

- 340 g weiche Butter
- 300 g Zucker
- 1 Ei (Größe M)
- 1 TL Vanilleextrakt
- 600 g Mehl (Type 405)
- ½ TL Backpulver
- ½ TL Salz
- Lebensmittelfarbe in Rot
- etwas Mehl zum Ausrollen

45 Min. zubereiten | 12 Min. backen | 40 Portionen

1. In einer großen Rührschüssel 340 g weiche Butter und 300 g Zucker mit den Rührbesen des Handrührgeräts so lange schlagen, bis eine schöne, lockere Masse entsteht.
2. Das Ei und 1 TL Vanilleextrakt dazugeben und verrühren. 600 g Mehl, ½ TL Backpulver und ½ TL Salz hinzufügen und verrühren, bis ein zusammenhängender Teig entsteht. Den Keksteig zu einer glatten Kugel kneten und halbieren.
3. Eine Teighälfte mit ein paar Tropfen roter Lebensmittelfarbe verkneten und einfärben.
4. Aus beiden Teighälften kleine Teigkugeln von ca. 20 g rollen. Aus den Kugeln auf einer gut bemehlten Arbeitsfläche ca. 15 cm lange Stränge rollen. Dann einen roten und einen weißen Strang miteinander verdrehen, zu einer Zuckerstange formen und auf ein mit Backpapier ausgelegtes Backblech legen.
5. Die Zuckerstangen im vorgeheizten Backofen 10–12 Minuten bei 180 °C (Ober-/Unterhitze) backen. Zuckerstangen anschließend auf einem Kuchengitter abkühlen lassen.

WEIHNACHTLICHE Macarons

Zutaten

FÜR DIE MACARONS
- 2 Eiweiß
- 150 g Puderzucker
- Lebensmittelfarbe in Braun
- 90 g gemahlene Mandeln
- 20 g Zucker

FÜR DIE GANACHE
- 40 g Sahne
- 100 g weiße Schokolade
- ½ TL Spekulatiusgewürz

AUSSERDEM
- Macaron-Backmatte
- Spritzbeutel mit Loch- und Sterntülle

1 Std. zubereiten | 15 Min. backen | 1 Std. warten | 15 Portionen

1. 2 Eiweiß mit den Rührbesen des Handrührgerätes so lange schlagen, bis sie schaumig werden. 150 g Puderzucker nach und nach zufügen und zu einem dicklichen, festen Eischnee schlagen.
2. Die Masse mit einer Messerspitze brauner Lebensmittelfarbe gleichmäßig einfärben.
3. Nach und nach 90 g Mandeln und 20 g Zucker mit dem Teigschaber in gleichmäßigen runden Bewegungen vollständig unterrühren. Den Teig anschließend in einen Spritzbeutel mit Lochtülle füllen.
4. Die Masse auf die Macaron-Matte spritzen und 20 Minuten trocknen lassen. In der Zwischenzeit den Backofen auf 140 °C (Ober-/Unterhitze) vorheizen. Die Macarons ca. 15 Minuten backen, herausnehmen und abkühlen lassen. Die erkalteten Macarons vorsichtig von der Matte heben.
5. Für die Ganache 40 g Sahne in einem Topf vorsichtig erwärmen. Vorsicht: Sie darf nicht kochen! 100 g weiße Schokolade in klein gehackten Stücken und ½ TL Spekulatiusgewürz zufügen. So lange umrühren, bis eine dickliche Creme entstanden ist. Die Ganache abdecken und für 30–45 Minuten in den Kühlschrank stellen.
6. Die Ganache anschließend noch einmal kräftig durchrühren und in einen Spritzbeutel mit Sterntülle füllen. Die Creme mit dem Spritzbeutel auf eine Macaron-Hälfte geben und eine zweite daraufsetzen.

TIPP: Die fertigen Macarons am besten im Kühlschrank aufbewahren!

Rentier-Kekse
MIT SPEKULATIUSCREME

Zutaten

FÜR DEN TEIG
- 300 g Mehl (Type 405)
- 100 g Zucker
- 150 g weiche Butter
- 1 Ei (Größe M)

FÜR DIE DEKO
- 300 g Spekulatiuscreme
- Schokolinsen in Rot
- 50 g Zartbitter-Kuvertüre

AUSSERDEM
- Ausstecher in Kreisform, Ø 7 cm
- Ausstecher in Kreisform, Ø 3 cm
- Einweg-Spritzbeutel

45 Min. zubereiten | 12 Min. backen | 1 Std. warten | 15 Portionen

1. 300 g Mehl und 100 g Zucker in eine Schüssel geben. 150 g weiche Butter und 1 Ei hinzufügen und mit den Rührbesen des Handrührgeräts verrühren. Anschließend mit den Händen eine Teigkugel daraus kneten.
2. Den Teig in Frischhaltefolie wickeln und ca. 1 Stunde kühl stellen. In der Zwischenzeit den Backofen auf 180 °C (Ober-/Unterhitze) vorheizen.
3. Dann den Teig auf einer bemehlten Arbeitsfläche ca. 5 mm dick ausrollen und mit dem großen Ausstecher Kreise ausstechen. In die Hälfte der ausgestochenen Kreise mit dem kleinen Ausstecher in den unteren Bereich ein Loch stanzen.
4. Die Plätzchen auf ein mit Backpapier ausgelegtes Backblech legen und ca. 10–12 Minuten goldgelb backen. Abkühlen lassen und vom Blech nehmen.
5. Die Plätzchen ohne Loch mit einem Teelöffel Spekulatiuscreme bestreichen und die Kreise mit der Aussparung darüberlegen. Die Schokolinsen als Nase in den kleinen Kreis drücken.
6. 50 g Kuvertüre schmelzen und in einen kleinen Spritzbeutel füllen. Die Spitze abschneiden, sodass sich damit feine Linien zeichnen lassen.
7. Jeweils 2 Augen und 2 Geweihe mit der Kuvertüre aufmalen und gut durchtrocknen lassen.

ELEGANTE Stempel-Plätzchen

Zutaten

FÜR DEN TEIG
- 200 g Mehl (Type 405)
- 50 g Speisestärke
- 150 g kalte Butter
- 75 g Zucker
- 1 Prise Salz
- 1 TL Vanillezucker
- 1 Eigelb
- etwas Mehl zum Ausrollen

FÜR DIE DEKO
- 250 g Fondant in Weiß
- Lebensmittelfarbe in Schwarz (Paste)
- 1 EL Aprikosenmarmelade

AUSSERDEM
- Ausstecher in Kreisform, Ø 5 cm
- Stempel mit Motiven, max. Ø 3,5 cm
- Ausstecher in Kreisform, Ø 4 cm
- Vorlage S. 84 (optional)

40 Min. zubereiten | 12 Min. backen | 4 Std. warten | 20 Portionen

1. 200 g Mehl und 50 g Speisestärke in eine große Rührschüssel geben und 150 g Butter in kleinen Stücken darauf verteilen. 75 g Zucker mit 1 Prise Salz und 1 TL Vanillezucker vermischen. 1 Eigelb dazugeben und dann alle Zutaten zügig zu einem Teig verarbeiten.
2. Den Teig in Frischhaltefolie wickeln und für 1–2 Stunden in den Kühlschrank legen. Nach der Kühlzeit den Teig auf einer gut bemehlten Arbeitsfläche ca. 0,5 cm dick ausrollen und mit dem großen Ausstecher 20 Plätzchen ausstechen. Alternativ die Ornament-Form der Vorlage auf ein Stück Karton oder Pappe übertragen. Die Vorlage auf den Teig legen und mit einem Messer ausschneiden.
3. Anschließend auf ein mit Backpapier ausgelegtes Backblech legen und im vorgeheizten Backofen bei 200 °C (Ober-/Unterhitze) ca. 12 Minuten backen. Die Plätzchen sollten nicht braun werden, goldgelb sind sie genau richtig! Gut abkühlen lassen.
4. 250 g Fondant dünn auf Frischhaltefolie ausrollen. Zum Bestempeln etwas schwarze Lebensmittelfarbe auf ein Stück Backpapier geben und den unbenutzten Stempel darin kreisen lassen, bis er mit Farbe bedeckt ist. So verteilt sich die Farbe gut und es gelangt nicht zu viel Farbe auf den Stempel.
5. Den Stempel vorsichtig auf den Fondant drücken und mit dem kleinen Ausstecher das Motiv ausstanzen. Farbe 1–2 Stunden trocknen lassen. Anschließend die Plätzchen mit etwas Marmelade bestreichen und den bestempelten Fondant darauf legen. Leicht andrücken.

TIPP: Am besten in einer Keksdose luftdicht aufbewahren!

MERRY
CHRISTMAS

GLASIERTE Spekulatius

Zutaten

FÜR DEN TEIG
- 100 g weiche Butter
- 110 g brauner Zucker
- 120 g Zuckerrübensirup
- 1 Eigelb
- 250 g Mehl (Type 405)
- etwas Mehl zum Bestäuben
- ½ TL Natron
- 2 TL gemahlener Ingwer
- 1½ TL Zimt
- 1 TL Spekulatiusgewürz
- 2 EL Kakaopulver
- 1 Prise Salz

FÜR DIE GLASUR
- 100 g Puderzucker
- 2 EL Zitronensaft

AUSSERDEM
- Ausstecher in Kreisform, Ø 6 cm
- Kristallglas

40 Min. zubereiten	20 Min. backen	4 Std. warten	12 Portionen

1. 100 g Butter, 110 g braunen Zucker, 120 g Zuckerrübensirup und 1 Eigelb in eine große Rührschüssel geben und mit den Rührbesen des Handrührgerätes glatt rühren.

2. 250 g Mehl, ½ TL Natron, 2 TL Ingwer, 1½ TL Zimt, 1 TL Spekulatiusgewürz und 2 EL Kakaopulver mit 1 Prise Salz in eine separate Schüssel sieben, zu den feuchten Zutaten geben und zu einem Teig verkneten.

3. Eine große, flache Platte aus dem Teig formen, in Frischhaltefolie wickeln und im Kühlschrank 2 Stunden lang ruhen lassen.

4. Den Backofen auf 180 °C (Ober-/Unterhitze) vorheizen und zwei Backbleche mit Backpapier auslegen. Den Teig auf einer leicht bemehlten Oberfläche 0,5 cm dick ausrollen und 12 Kekse ausstechen. Den Boden eines, geschliffenen Kristallglases in Mehl tauchen und damit ein Muster auf die Kekse stempeln.

5. Die Spekulatius aufs Backblech legen und für ca. 15–20 Minuten backen, bis an den Rändern leichte Risse entstehen. Anschließend 10 Minuten auf den Blechen abkühlen lassen, dann zum vollständigen Abkühlen auf ein Kuchengitter legen.

6. Für die Glasur 100 g Puderzucker mit 2 EL Zitronensaft verrühren. Die abgekühlten Spekulatius mit der Musterseite nach unten in die Glasur tauchen und die Glasur mit einem Messer oder Spachtel glätten, sodass das Muster gut erkennbar ist. Zuckerguss 1–2 Stunden aushärten lassen.

TIPP: Nach dem Aushärten am besten in einer Keksdose bei Zimmertemperatur lagern.

SCHNEEBEDECKTE
Baiser-Bäumchen

Zutaten

FÜR DEN TEIG
- 4 Eiweiß
- 1 Prise Salz
- 200 g Puderzucker
- Lebensmittelfarbe in Grün
- Zuckerstreusel (optional)

AUSSERDEM
- Spritzbeutel mit Lochtülle, Ø 15 mm

15 Min. zubereiten | 3 Std. backen | 30 Portionen

1. 4 Eiweiß und 1 Prise Salz mit den Rührbesen des Handrührgeräts sehr steif schlagen. Nach und nach 200 g Puderzucker unterrühren, bis er komplett aufgelöst ist.
2. Ein paar Tropfen grüne Lebensmittelfarbe hinzugeben. Die Eimasse nun so lange weiterschlagen, bis sie richtig fest ist und die Rührbesen Spitzen ziehen.
3. Backblech mit Backpapier auslegen und den Backofen auf 80 °C (Ober-/Unterhitze) vorheizen. Die Baisermasse in einen Spritzbeutel mit großer Lochtülle füllen. Zuerst einen etwas größeren Tupfen auf das Blech spritzen, dann einen etwas kleineren Tupfen darüber und zum Schluss einen ganz kleinen als Tannenbaumspitze. Auf Wunsch ein paar Zuckerstreusel darüberstreuen.
4. Die Tannenbäume für ca. 3 Stunden in den vorgeheizten Backofen geben, bis sie gut durchgetrocknet sind. Dabei einen Holzlöffel zwischen Türe und Backofen klemmen, damit die Feuchtigkeit entweichen kann. Zum Schluss den Backofen ausschalten und die Tannenbäume noch im Ofen auskühlen lassen.

Geschenk-
verpackungen

Papier-Tüte
MIT SCHNEEKUGEL-MOTIV

Material

- Bleistift
- Papiertüte, 21 cm x 12 cm
- Acrylstift in Weiß
- Fineliner in Schwarz, Ø 0,5 mm
- Fotokarton in Weiß
- Schere
- Bastelkleber
- kleiner Ast
- Thuja-Zweig
- Foldback-Klammer in Gold, 3 cm

1. Zuerst mit einem Bleistift eine Schneekugel auf die Papiertüte vorzeichnen (siehe Foto). Wenn das Ergebnis zufriedenstellend ist, die Bleistiftlinien mit einem weißen Acrylstift vorsichtig nachziehen. Sobald der Acrylstift getrocknet ist, lassen sich störende Bleistiftreste einfach ausradieren.
2. Mit einem schwarzen Fineliner eine kleine Weihnachtsbotschaft auf weißen Fotokarton schreiben, einen Rahmen darum malen und ausschneiden. Am besten vorher den Platz für die Botschaft ausmessen!
3. Den Fotokarton mit Bastelkleber unter der Schneekugel befestigen. Dann für den Tannenbaum ein kleines Stück Ast als Stamm aufkleben. Aus einem Thuja-Zweig die Spitze herausschneiden und als Tannenbaum aufkleben.
4. Jetzt kann die Tüte gefüllt werden. Anschließend die Öffnung umfalten und mit einer Foldback-Klammer verschließen.

Überraschung!
Frohes Fest

SCHLICHTE Spitztüte

Material

- Packpapier, 21 cm x 21 cm
- doppelseitiges Klebeband, 5 mm
- alte Buchseite
- Schere
- Stempel
- Klebestift

1. Aus dem quadratischen Stück Packpapier eine Spitztüte (S. 78) falten.

2. Aus dem Rand einer Buchseite einen 1 cm x 20 cm breiten Streifen schneiden. An einem Ende des Streifens ein Dreieck herausschneiden. Anschließend aus der Buchseite einen 4 cm großen Kreis ausschneiden oder ausstanzen und mit einem Stempel verzieren.

3. Die Spitztüte füllen, die Öffnung umfalten und mit Klebestift an der Spitze zukleben. Den bestempelten Kreis auf den Streifen kleben und senkrecht über die umgefaltete Spitze kleben.

Nikolaus-Stiefel
AUS PAPIER

Material

- Vorlage S. 86
- Packpapier-Tüte mit Henkel, 33 cm x 26 cm
- Bleistift
- Schere
- Tacker und Tackerklammern
- Acrylstift in Weiß

1. Zuerst die Vorlage für den Stiefel auf die Packpapiertüte übertragen und darauf achten, dass der Henkel mittig am oberen Ende sitzt und die geschlossene Unterkante der Tüte die Sohle bildet.

2. Den Stiefel ausschneiden. Die Unterkante der Tüte bleibt dabei unberührt. Anschließend mit einem Abstand von ca. 0,5 cm zum Rand das Papier einmal ringsherum zusammen tackern, nur die Öffnung des Stiefels bleibt offen.

3. Jetzt den Stiefel mit weißem Acrylstift nach Lust und Laune bemalen und verzieren.

Süße

Papier-Banderole
FÜR GEBÄCKTÜTEN

Material

- Vorlage S. 84/85
- Kraftkarton oder Fotokarton in Braun, A4
- Bleistift
- Schere
- Klebestift
- Fineliner in Schwarz
- Klarsichttüte, 19 cm x 11,5 cm
- Foldback-Klammer oder Hefter

1. Die Banderole nach der Anleitung (S. 79) aus dem Kraft- oder Fotokarton basteln.

2. Mit einem schwarzen Fineliner um das Fenster einen Rahmen malen und die Banderole nach Wunsch verzieren.

3. Klarsichttüte mit Inhalt füllen, verschließen und mittig in die Verpackung stellen. Anschließend die beiden Enden der Verpackung mit einer Foldback-Klammer verschließen oder mit einem Hefter zusammenheften.

TIPP: Zur Verzierung können noch Zweige in die Klammern gesteckt oder Geschenketiketten aus weißem Fotokarton ausgeschnitten, beschriftet, bemalt und mit einem Band befestigt werden.

SCHNELLE Pappbecher-Schachtel

Material

- Seidenpapier in Weiß, 35 cm x 20 cm
- Schere
- Klebestift
- Pappbecher in Braun
- Baumwollschnur, Ø 4 mm
- Fotokartonrest in Braun
- Fineliner in Schwarz

1. Vom Seidenpapier ein 35 cm x 20 cm großes Rechteck zurechtschneiden. Mit Klebestift im Pappbecher um den inneren oberen Rand herumfahren und den Kleber dabei gut verteilen.
2. Das Seidenpapier etwa 5 cm tief in den Becher stecken und rings um den Rand an die Klebefläche drücken.
3. Anschließend den Becher füllen und mit einer dicken Baumwollschnur verschließen.
4. Aus Fotokarton einen Kreis (Ø 5 cm) schneiden und einen Rahmen mit schwarzem Fineliner aufmalen. Wer mag, beschriftet das Etikett noch, bevor es vorne mittig auf den Becher geklebt wird.

HOME
MADE

22
一个自讨苦
吃的地方是
哪里？

Spanschachtel
MIT STICK-MOTIV

Material

- Vorlage S. 83
- Klebefilm
- Spandose, Ø 14 cm
- Prickelnadel oder Nähnadel
- Stickgarn in Weiß
- passende Sticknadel

1. Die Vorlage jeweils mit etwas Klebefilm an zwei Punkten auf der Spandose fixieren. Die Löcher mit einer Prickelnadel übertragen. Hierbei fest drücken, um durch die Spanschicht zu kommen. Vor dem Ablösen der Vorlage kontrollieren, ob alle Löcher übertragen wurden.

2. Ein Stück Stickgarn abschneiden und in die Nadel einfädeln, dann das Fadenende verknoten. Mit dem Sticken auf der Rückseite beginnen, dafür die Nadel in den mittleren Punkt der Schneeflocke einstechen und den Faden bis zum Knoten durchziehen.

3. Jetzt – wie auf dem Foto zu sehen – immer entlang der Linien sticken. Von der Mitte aus zuerst die untere Verästelung, dann den Zwischenraum und die oberen Zweige sticken. Wieder in das Mittelloch einstechen und den nächsten Zweig sticken.

4. Am Ende den Faden auf der Rückseite vernähen und mit einem weiteren Knoten fixieren.

ZAUBERHAFTE Weihnachtsgläser

Material

- Twist-Off-Gläser in verschiedenen Größen
- Weihnachtsbaumschmuck aus Holz
- Alleskleber
- Pappe oder Zeitungspapier als Sprühschutz
- Kreideeffekt-Spray in Blau, Hellgrün, Gelb und Rosa

1. Den Deckel der Gläser abschrauben und die Weihnachtsbaumfiguren mit Alleskleber auf die Deckel kleben.
2. Die Deckel auf ein ausreichend großes Stück Pappe stellen und mit Kreideeffekt-Spray einfärben. Dabei darauf achten, dass auch der Deckelrand Farbe erhält! Anschließend gut trocknen lassen.
3. Gläser befüllen und Deckel auf die Gläser schrauben.

GRENES

Faltschachtel
MIT SCHNEEFLOCKE

Material

- Vorlage S. 87
- Bleistift
- Kraftkarton oder Fotokarton in Braun, A4
- Schere
- Papier in Weiß, 80 g/m², A4
- Klebestift

1. Die Vorlage für die Faltschachtel auf den Kraftkarton übertragen und ausschneiden. Die Halbkreise nach innen falten.
2. Die Schneeflocke nach Anleitung (S. 80/81) aus einem 10 cm x 10 cm großen Stück weißen Papier ausschneiden.
3. Einen ca. 25 cm x 1 cm breiten Streifen aus dem weißen Papier schneiden und die überlappenden Stellen als Banderole mit Klebestift zusammenkleben. Schneeflocke darüber kleben.
4. Die Schachtel befüllen. Die Banderole über die Schachtel ziehen und verschenken.

SPITZTÜTEN FALTEN

1. Auf dem Packpapier ein Quadrat mit den Maßen 21 cm x 21 cm aufzeichnen und ausschneiden.

2. Das Packpapierquadrat so drehen, dass eine Ecke nach unten zeigt. Einen Streifen doppelseitiges Klebeband entlang der rechten unteren Seite festkleben.

3. Die linke Seite nach innen falten, sodass sich eine Tütenform andeutet.

4. Die rechte Seite überlappend darüber falten, sodass unten eine Spitze entsteht. Die Tüte mit doppelseitigem Klebeband an der offenen Seite fixieren.

5. Das entstandene Dreieck oben als Verschluss nach unten falten.

PAPIER-BANDEROLEN BASTELN

1. Die Vorlagen (S. 84/85) für die zwei Teile der Banderole mit Bleistift auf Kraftkarton oder Fotokarton übertragen.

2. Die Teile ausschneiden. Dabei auch die Fenster ausschneiden. Das geht zum Beispiel mit einem Skalpell besonders gut.

3. Die Klebelaschen der beiden Teile nach oben falten. Das Teil mit der kleinen Klebelasche mit dem Klebestreifen auf der Lasche des anderen Teils festkleben.

4. Mit einem schwarzen Fineliner auf der Vorderseite um das Fenster einen Rahmen malen und die Verpackung nach Wunsch verzieren.

SCHNEEFLOCKE AUS PAPIER

1. Ein 10 cm x 10 cm großes Quadrat aus Papier ausschneiden.

2. Das Quadrat zu einem Dreieck zusammenfalten.

3. Das Dreieck erneut mittig halbieren, um eine Mittellinie zu markieren, dann wieder auffalten. Die rechte Ecke schräg nach oben falten.

4. Nun auch die linke Ecke schräg nach oben falten, sodass beide Kanten rechts und links bündig sind.

5. Die entstandene Blume mittig zusammenfalten.

6. Die beiden oberen Ecken können nun abgeschnitten werden, sodass wieder ein Dreieck entsteht.

7. Mit Bleistift eine Schneeflocke – wie auf dem Foto – aufzeichnen. Die Schneeflocke entlang der Linien ausschneiden.

8. Die Schneeflocke vorsichtig auseinanderfalten.

Etiketten für den Marzipan-Stollen, Seite 24

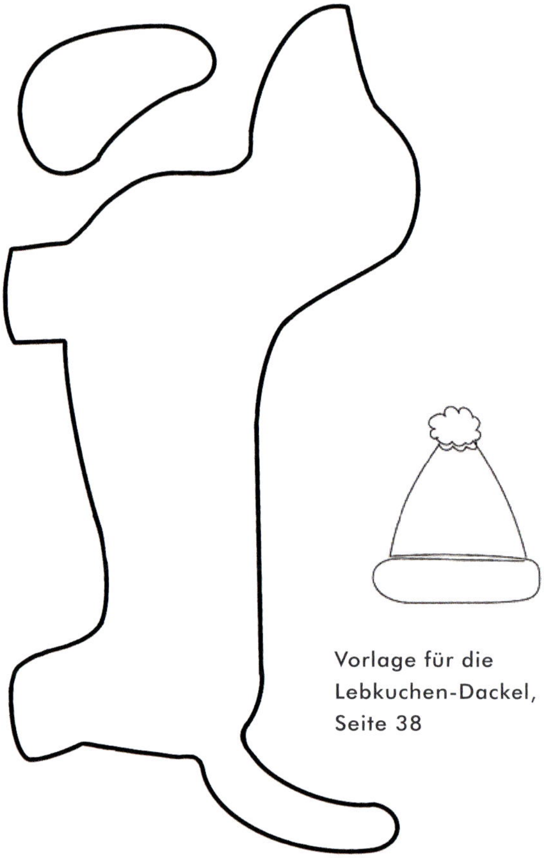

Vorlage für die Lebkuchen-Dackel, Seite 38

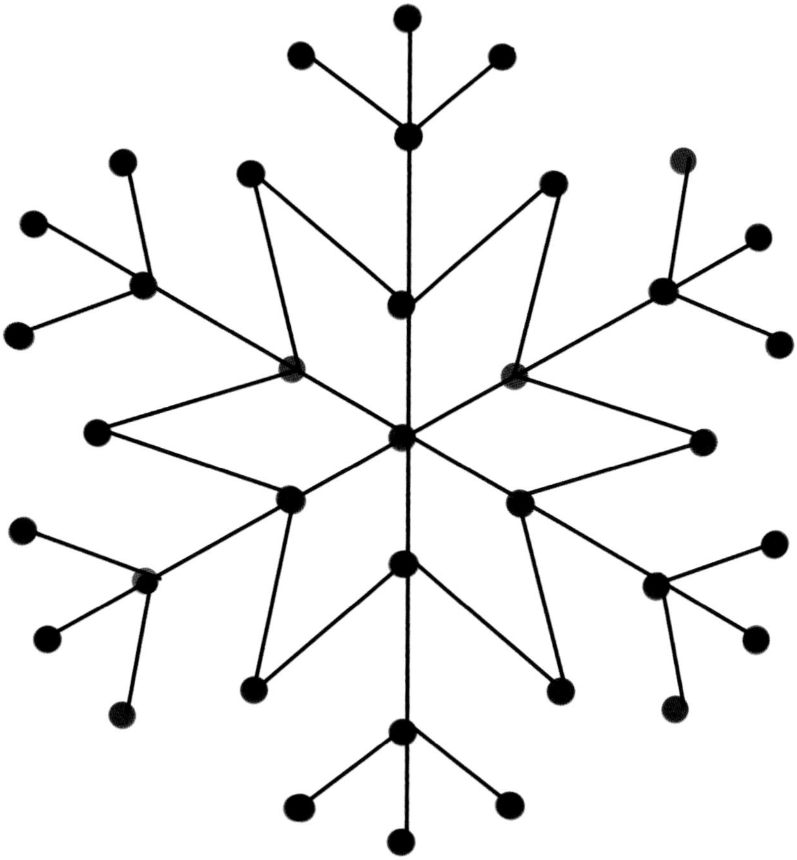

Vorlage für die
Spanschachtel,
Seite 72

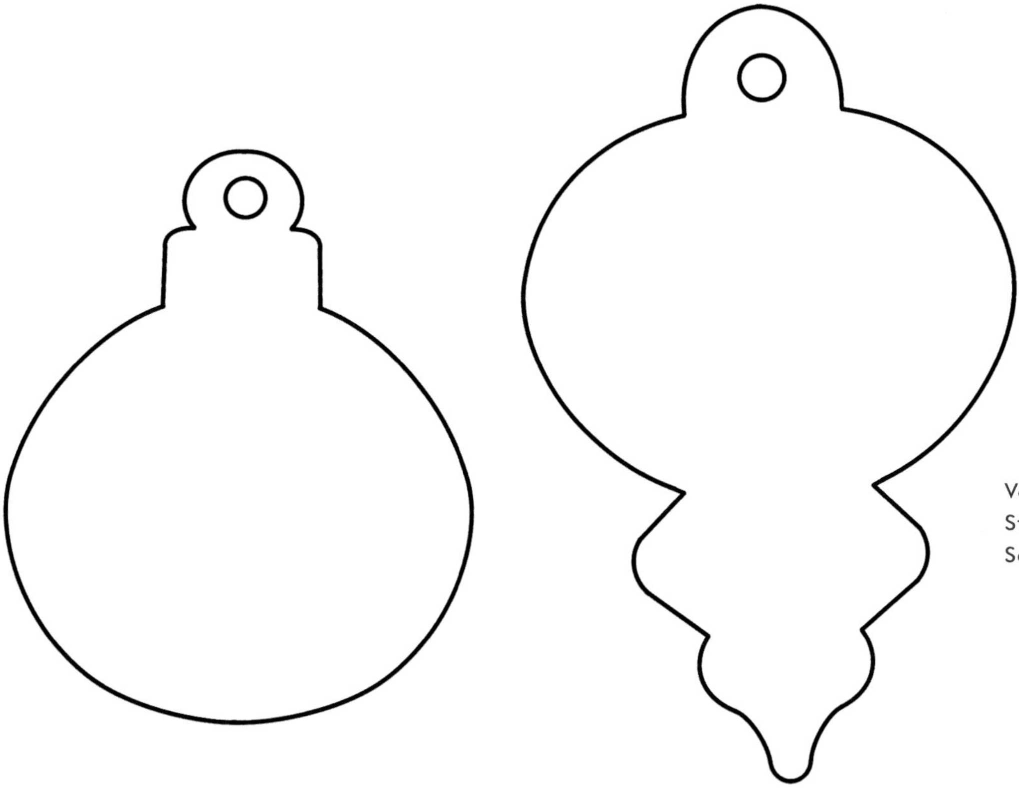

Vorlage für die
Stempel-Plätzchen,
Seite 54

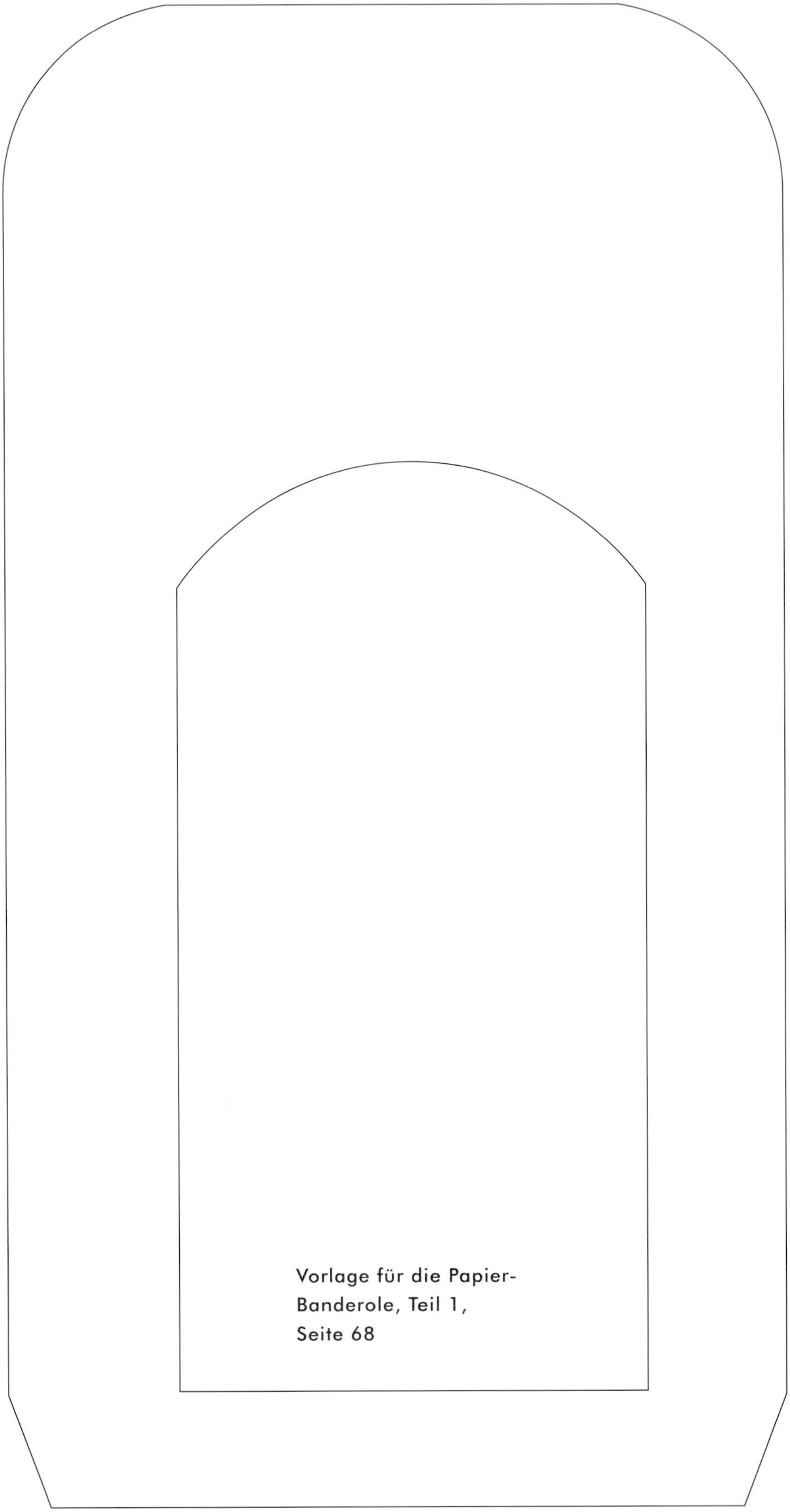

Vorlage für die Papier-
Banderole, Teil 1,
Seite 68

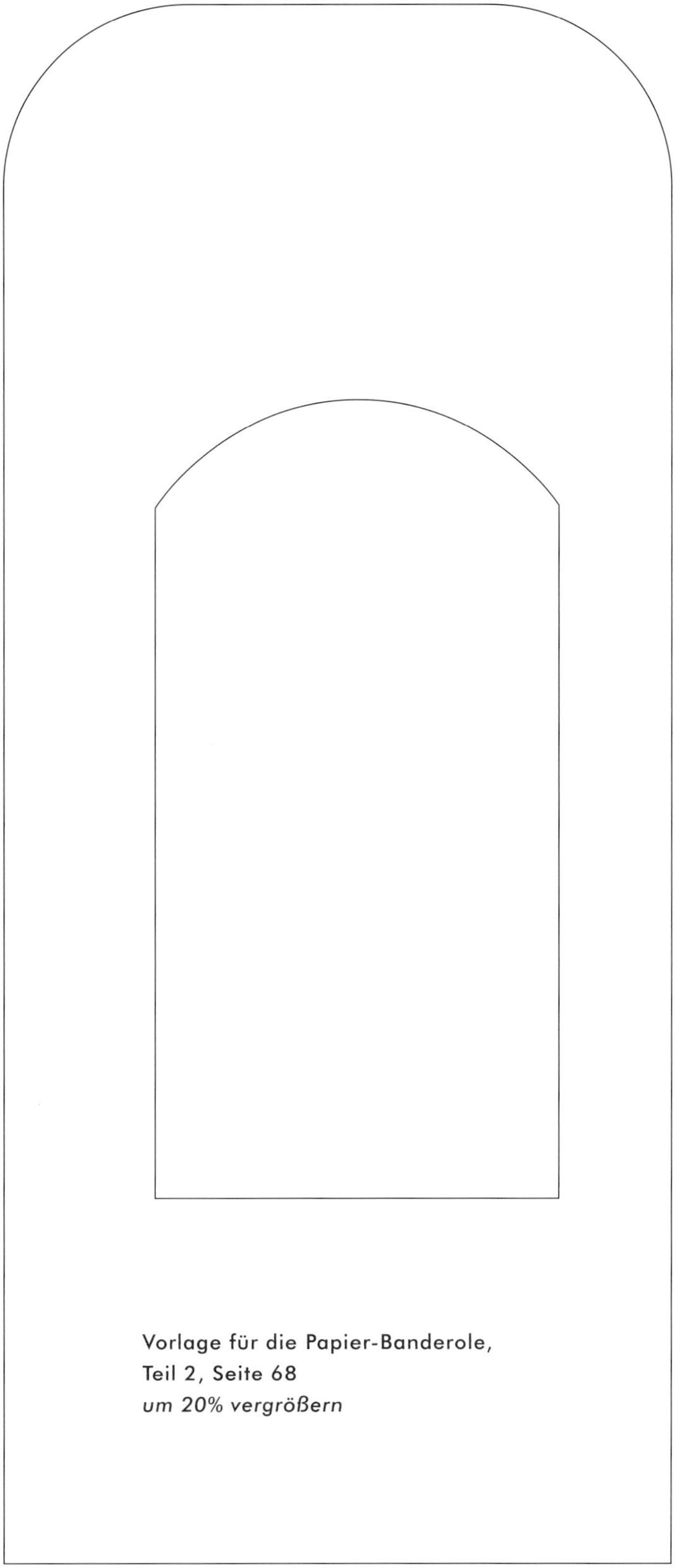

Vorlage für die Papier-Banderole,
Teil 2, Seite 68
um 20% vergrößern

Vorlage für den
Nikolaus-Stiefel,
Seite 66
um 10% vergrößern

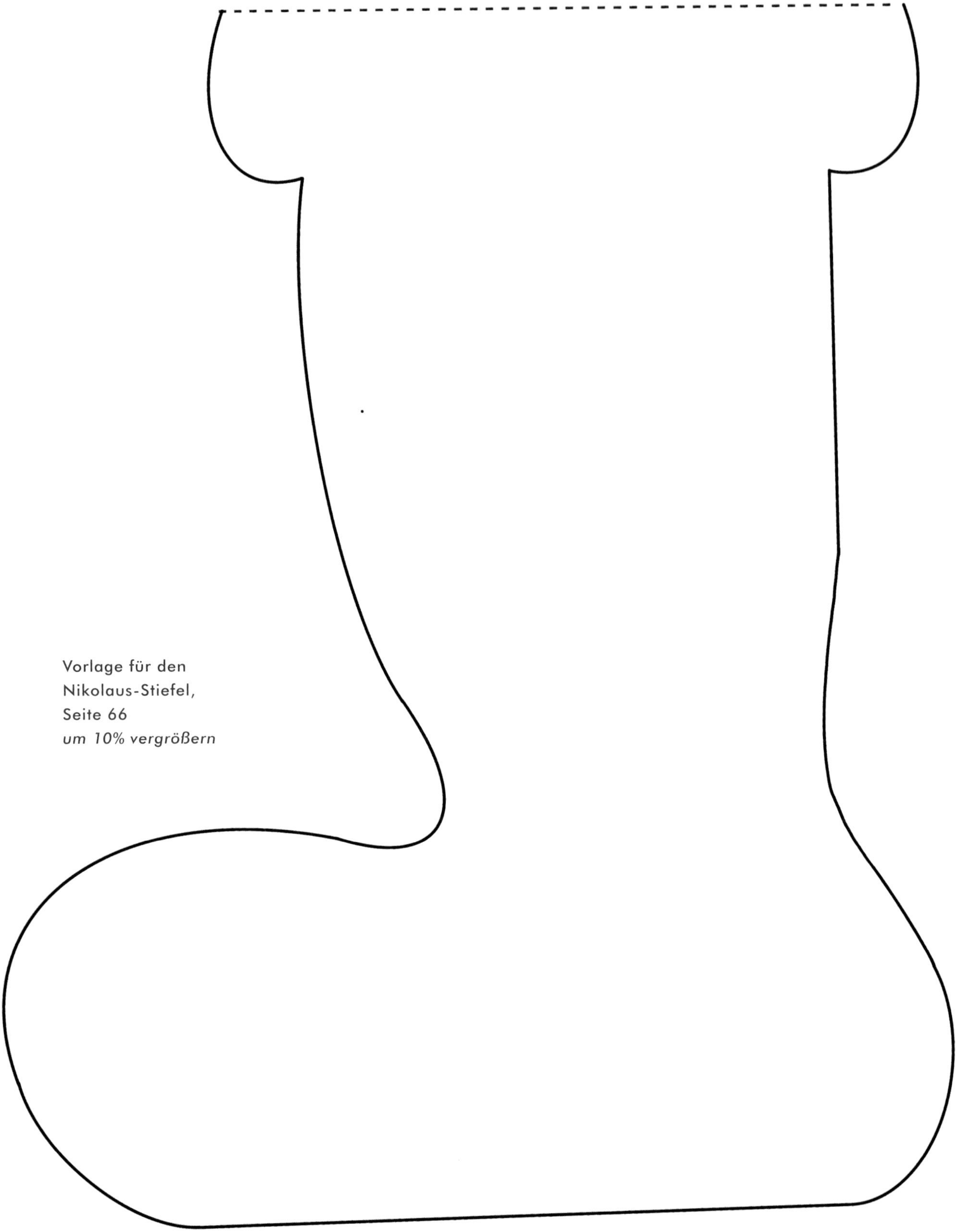

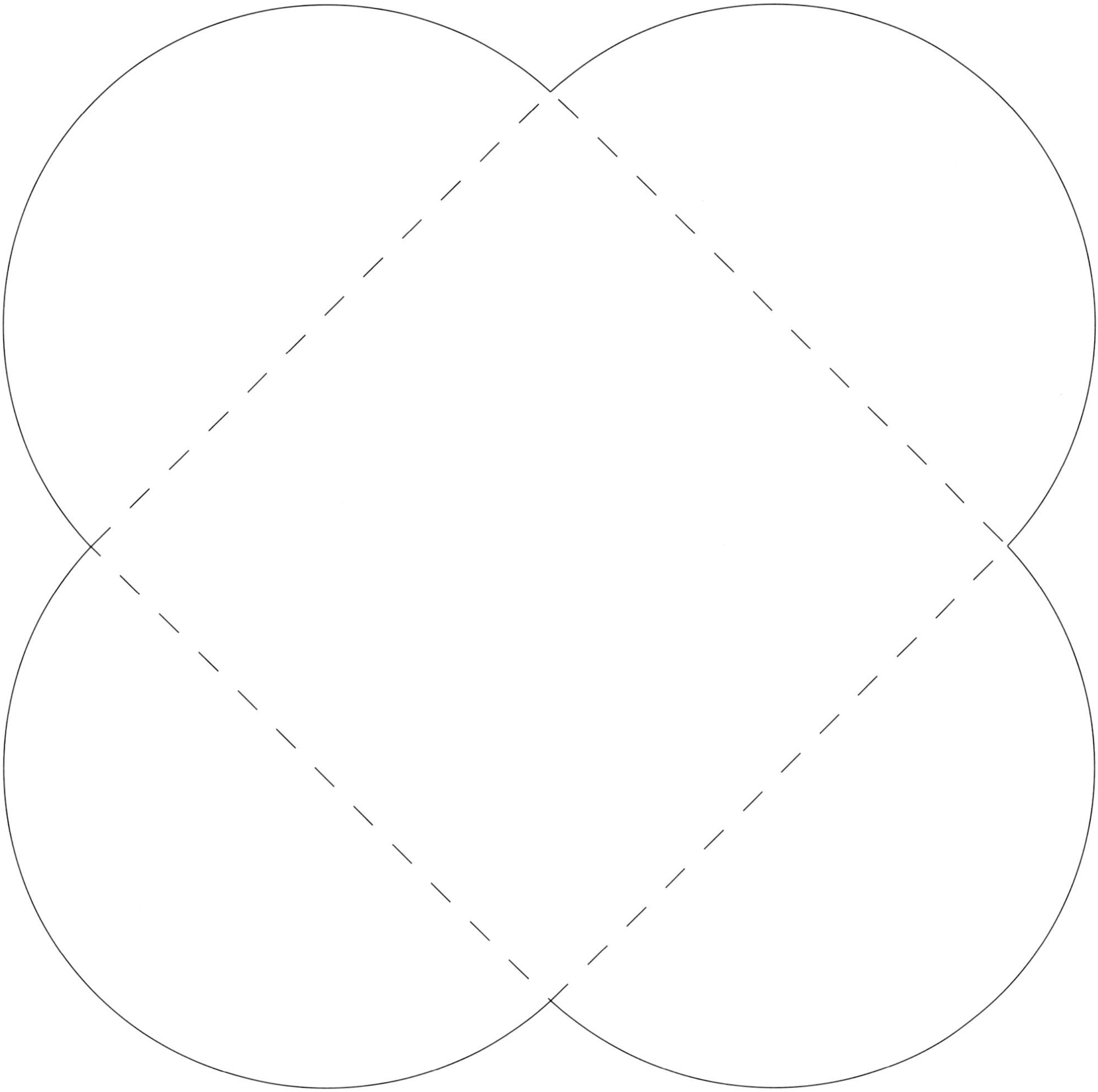

Vorlage für die Faltschachtel, Seite 76
um 10% vergrößern

BUCHEMPFEHLUNGEN FÜR DICH

ISBN 978-3-7358-5286-1

ISBN 978-3-7358-5324-0

ISBN 978-3-7724-8050-8

ISBN 978-3-7358-5060-7

ISBN 978-3-7358-5198-7

ISBN 978-3-7724-8047-8

ISBN 978-3-7358-5025-6

ISBN 978-3-7724-4436-4

ISBN 978-3-7358-5042-3

Viele weitere Kreativ-Bücher findest du auf www.TOPP-kreativ.de

ISBN 978-3-7724-4777-8

ISBN 978-3-7358-5238-0

ISBN 978-3-7358-5043-0

ISBN 978-3-7724-4356-5

ISBN 978-3-7724-8199-4

ISBN 978-3-7358-7110-7

ISBN 978-3-7358-5114-7

ISBN 978-3-7724-4439-5

ISBN 978-3-7724-4345-9

#TOPPPROJEKT

Die eigene Kreativität zeigen: TOPPprojekt mit anderen Kreativen teilen und Teil der Gemeinschaft werden.

DIY-begeistert und auf Instagram? Dann unbedingt mitmachen! Hier gibt's Tipps und Feedback zu den eigenen Projekten. Außerdem verlosen wir jeden Monat ein Überraschungspaket. Um am Gewinnspiel teilzunehmen, einfach ein Bild vom Kreativ-Projekt aus unseren Büchern mit #TOPPprojekt posten und unserem Account @frechverlag folgen. Mehr Infos auf TOPP-kreativ.de/TOPPprojekt

Mach mit beim
#TOPPPROJEKT
#TOPPprojekt
@frechverlag

Website
Auf TOPP-kreativ.de kannst du ein riesiges Angebot von über 1.000 Kreativbüchern, Sets & mehr entdecken.

Newsletter
Gleich anmelden unter: TOPP-kreativ.de/newsletter und immer als Erstes von unseren Neuheiten und Sonderaktionen erfahren.

Instagram
@frechverlag

Pinterest
pinterest.com/frechverlag

Facebook
facebook.com/frechverlag

DigiBib
Hier findest du zusätzlich zu vielen unserer Bücher digitale Extras, wie Video-Tutorials, Plotter-Dateien, Vorlagen, Übungsblätter & vieles mehr. Einfach im Impressum deines TOPP-Buchs den Freischalte-Code nachschlagen und exklusive Inhalte freischalten. TOPP-kreativ.de/digibib

Youtube
youtube.com/frechverlag

Wer wir sind, wie wir arbeiten, was wir lieben ...

Auf Instagram, Facebook und Pinterest findest du mehr über uns und unsere Arbeit und wirst immer schnell und einfach mit den neuesten Infos versorgt.

Alle News, alle Infos und alle Links findest du auf www.TOPP-kreativ.de

IDA DEGES

Ida Deges liebt das Backen, Kochen und Basteln. Schon seit ihrem 6. Lebensjahr beobachtet sie ihre Mutter beim Basteln und Schreiben ihrer Bücher. Gemeinsam mit ihr ist dieses Buch entstanden, das jede Menge von Idas selbst kreierten Lieblingsrezepten enthält.

DANKE
Ein großes Dankeschön geht an Lara Franke und Michael Ruder für die nette Zusammenarbeit sowie die Firmen Rico und Rayher für ihre freundliche Unterstützung mit Materialien. Ein besonderes Dankeschön geht an meine Mutter Pia, ohne die dieses Buch nicht möglich gewesen wäre und durch die ich gelernt habe, was Kreativität heißt und wie viel Spaß es macht, kreativ zu sein.

RICO DESIGN

Rayher HOBBYKUNST

DIE DIGIBIB – ALLE UPDATES FÜR DICH
Hier findest du alle aktuellen Infos zu deinem Produkt, außerdem Extras, Videos, Vorlagen und mehr! www.topp-kreativ.de/digibib
Freischaltcode: 51802

TOPP – UNSERE SERVICEGARANTIE

WIR SIND FÜR SIE DA! Bei Fragen zu unserem umfangreichen Programm oder Anregungen freuen wir uns über Ihren Anruf oder Ihre Post. Loben Sie uns, aber scheuen Sie sich auch nicht, Ihre Kritik mitzuteilen – sie hilft uns, ständig besser zu werden. Bei Fragen zu einzelnen Materialien oder Techniken wenden Sie sich bitte an unseren Kreativservice.
hilfe@frechverlag.de
Telefon 0711/123 757 20

Das Produktmanagement erreichen Sie unter: pm@frechverlag.de
oder: frechverlag Produktmanagement
Dieselstraße 5,
70839 Gerlingen
Telefon 0711/ 8 30 86 68

IMPRESSUM

MODELLE: Ida Deges
FOTOS: Michael Ruder, lichtpunkt, Stuttgart
PRODUKTMANAGEMENT: Lara Franke
LEKTORAT: Petra-Marion Niethammer
HERSTELLUNG: Jessica Siebert
COVERGESTALTUNG: Petra Schmidt, Eva Hook
LAYOUT und SATZ: Werbeagentur Rypka GmbH, www.rypka.at
DRUCK und BINDUNG: UAB BALTO print, Litauen

Die Inhalte dieses Buchs wurden von der Autorin und den Mitarbeiter:innen des Verlags sorgfältig geprüft. Eine Garantie wird jedoch nicht übernommen. Der Verlag und die Autorin können für eventuell auftretende Fehler oder Schäden nicht haftbar gemacht werden. Das Werk und die darin gezeigten Inhalte sind urheberrechtlich geschützt. Die Vervielfältigung und Verbreitung ist, außer für private, nicht kommerzielle Zwecke, untersagt und wird zivil- und strafrechtlich verfolgt. Dies gilt insbesondere für eine Verbreitung des Werkes durch Fotokopien, Film, Funk und Fernsehen, elektronische Medien und Internet sowie für eine gewerbliche Nutzung der gezeigten Inhalte. Bei Verwendung im Unterricht und in Kursen ist auf dieses Buch hinzuweisen.

1. Auflage 2024
© 2024 frechverlag GmbH, Dieselstr. 5, 70839 Gerlingen, einem Unternehmen der Penguin Random House Verlagsgruppe GmbH, München
ISBN 978-3-7358-5284-7 • Best.-Nr. 25284

FSC www.fsc.org MIX Papier aus verantwortungsvollen Quellen FSC® C107574

Penguin Random House Verlagsgruppe FSC® N001967